BRG Piaristengymnasium

Piaristengasse 2, 3500 Krems an der Donau

Aggressionen und Gewalt bei Kindern und Jugendlichen

Ausgewählte Aspekte der Aggressionsforschung und Gewaltprävention

Fachbereichsarbeit aus Psychologie und Philosophie

Vorgelegt bei Mag. Ruth Suchanek

Von Sofie Schiebl, 8GR

Lengenfeld bei Krems im Schuljahr 2013/2014

Inhaltsverzeichnis

1. Einleitung

1.1 Aufbau und Relevanz der Arbeit

Zunächst eine kurze Erklärung wie ich auf dieses Thema gekommen bin: Gewalt, beziehungsweise des Öfteren die vielfach diagnostizierte steigende Gewaltbereitschaft und die immer „aggressiveren" Kinder und Jugendliche sind stets ein Thema unserer Gesellschaft. Immer häufiger hört oder liest man von einer steigenden Jugendkriminalität und nun stellt sich für mich die Frage, ob diese Aggressionen und diese Gewalt überhaupt in solch einem Ausmaß existieren und wie diese entstehen, ob sie vielleicht durch verschiedene Medien der heutigen Zeit gefördert werden oder gar entstehen? Oder aber schon angeboren sind und man „nichts" dagegen machen kann?

Deshalb möchte ich mich in meiner Arbeit mit „Gewalt und Aggressionen bei Kindern und Jugendlichen" und mit den Wörtern „Aggressionsforschung" und „Gewaltprävention" beschäftigen, dabei sind folgende Fragen von Forschungsinteresse:

Was sind überhaupt Aggressionen und Gewalt und welche Arten von diesen gibt es?

Wie entstehen sie, und werden sie durch unsere heutige Umwelt gefördert?

Entstehen Aggressionen und Gewalt schon im Kindesalter oder sind sie sogar angeboren, und wie verlaufen sie in den verschiedenen Entwicklungsphasen?

Wie kann man mit gewalttätigen oder aggressiven Kindern oder Jugendlichen umgehen und welche Lösungsmöglichkeiten gibt es?

Dies sind die wesentlichen Fragen, mit denen ich mich in dieser Arbeit beschäftigen werde. Ein weiterer zentraler Punkt ist die Entstehung und Entwicklung von Gewalt und Aggressionen, welche zeitlebens eine große Rolle spielt.

Welche Rolle spielen Freunde und Familie in dieser Entwicklung und was kann innerhalb der Familie getan werden um einen sinnvollen Umgang mit Gewalt und Aggressionen zu lernen?

Wie wichtig sind Freizeitbeschäftigungen wie Sport oder Musik beim Umgang mit Gewalt?

Und neigen Kinder und Jugendliche welche sich viel mit Gewaltverharmlosenden Medien, wie zum Beispiel brutalen Computerspielen, wirklich zu einem aggressiveren und gewalttätigeren Umgang mit anderen?

Wie können Familie und Freunde mit einem gewaltbereiteren und aggressiveren Kind umgehen und sich ihm gegenüber verhalten?

Das sind weitere, spezifischere Fragen, die ich in dieser Arbeit behandeln möchte. Zu Beginn allerdings möchte ich mich mit den

Definitionen von Gewalt und Aggressionen beschäftigen und klären, wobei es sich dabei überhaupt handelt.

1.2 „Aggressionen sind unschicklich" (Reinhold Ruthe)

Ist das wahr? Viele Menschen denken immer noch, dass Aggressionen unschicklich sind. Gehören Sie auch zu den Zeitgenossen, die so denken? Bestimmte Aussagen verraten, dass wir davon überzeugt sind, dass Aggressionen unschicklich sind, sich nicht gehören und nicht vorkommen sollten:

„Nichts hasst er mehr als rausgeschrieene Wut!"

„ Sie ist die Liebe in Person. Keinem kann sie etwas abschlagen!"

„ Er beißt sich eher den Finger ab, als Aggressionen zu zeigen."

„ Ein Christ ist immer beherrscht. Zorn, Wut, Ärger und Bitterkeit sind ungeistliche Verhaltensmuster."

Nicht wenige sind beeindruckt von so viel Selbstbeherrschung, Liebeswürdigkeit und Selbstverleugnung, doch sind diese Sätze problematisch, da sie schlicht und einfach unrealistisch sind.

- Aggressionen sind menschlich.
- Aggressionen finden Sie in den besten Familien.
- Aggressionen können in jeder Religion vorkommen.
- Aggressionen sind das Ergebnis von Missverständnissen und Fehldeutungen.
- Aggressionen sind unvermeidbar- ob wir es wahrhaben wollen oder nicht.

Warum verleugnen wir dann zornige Gedanken?

Warum können wir Wut und Bitterkeit nicht zugeben?

Warum halten wir Meinungsverschiedenheiten oder Auseinandersetzungen für unangebracht?

Warum lehnen wir Ärger als unhöflich ab?

Warum packt uns die Angst, wenn wir Aggressionen hinausschleudern?

Warum reagieren wir mit Schuldgefühlen, wenn wir Wut empfinden?[1]

„ Aggressionen, Wut und Bitterkeit sind heute das unbewältigte Problem bei Christen und Nichtchristen. Falscher Glaube, unangebrachte Nachgiebigkeit, irrige Lebensvorstellungen und unredliche Friedfertigkeit sind einige der Hauptgründe, wenn schlecht verbreitete Aggressionen unser Zusammenleben erschweren. "[2]

2. Hauptteil

2.1 Thesen zur Gewalt von Friedrich Hacker

1. Gewalt ist das Problem, als dessen Lösung sie sich ausgibt.
2. Probleme, die nur mit Gewalt gelöst werden können, müssen neu erstellt werden.

---

[1] Vgl. Ruthe, Reinhold: Wenn die Fetzen fliegen – Vom richtigen Umgang mit Ärger, Aggression, Zorn und Gewalt. Moers 1997.

[2] Vgl. Ruthe, Reinhold: Wenn die Fetzen fliegen – Vom richtigen Umgang mit Ärger, Aggression, Zorn und Gewalt. Moers 1997. S.11ff.

3. Nackte Gewalt ist die sichtbare, ungebundene, „freie" Erscheinungsform von Aggression. Nicht alle Aggression ist Gewalt, aber alle Gewalt ist Aggression.

4. Gewalt ist ansteckend wie Cholera, sie verdankt ihre Virulenz dem Schein der Rechtfertigung, der sie epidemisch macht.

5. Gewalt ist auch, was sich als Gegengewalt gerechtfertigt fühlt.

6. Gewalt, als Delikt verboten, wird als Sanktion geboten, unbenannt und gerechtfertigt.

7. Rechtfertigung erzeugt und eskaliert, was sie leugnen und verbergen will, die eigene Gewalt.

8. Gerechtfertigte Gewalt verführt zur Nachahmung sowohl der Rechtfertigung wie der Gewalt.

9. Die Legitimierung von Gewalt bedient sich des Etikettenschwindels: eigene Gewalt wird als Notwendigkeit, natürliches Recht, Pflicht, Selbstverteidigung und Dienst an höheren Zielen dargestellt und empfunden.

10. Die Verleugnung und Verdrängung der eigenen, auf den Fein projizierten Aggression erhöht die Wahrscheinlichkeit so genannter und so empfundener Gegengewalt.

11. Gewalt ist einfach, Alternativen zur Gewalt sind komplex.

12. Der Gegensatz zu Komplexität ist aggressive Vereinfachung, nicht schlechthin Einfachheit. Der Preis für Vereinfachung ist Gewalt.

13. Die unerkannte, verhüllte und verhüllende Maskierung und Bindung von Aggression zu Zwecken der Gewaltkontrolle wird zur Gewaltursache und Gewaltrechtfertigung.

14. Die Explosion der heißen Gewalt verhält sich zur geplanten Aktion der kalten Gewalt wie das Symptom zur Strategie.

15. Strategie kann Symptome herbeiführen und benützen, im strategischen Einsatz symptomatischer Gewalt verfügt Manipulation über spontanen Ausdruck.

16. Vernunft ist nur dann eine Alternative zur Gewalt, wenn sie nicht ihr Rechtfertiger und Helfershelfer wird.

17. Die gewaltsame Erziehung zur Gewaltlosigkeit gewöhnt due Erziehungsmethode, nicht die Erziehungsabsicht ein und verewigt die Gewalt, die sie verhindern will.

18. Das gewaltsame Bedürfnis nach Gewalt wird als deren natürliche Bedingung hingestellt.

19. Ausnahmen des Gewaltverbotes werden zu regeln der Gewaltanwendung.

20. Der nur Anderen gepredigte oder auferlegte völlige Gewaltverzicht kaschiert die eigene Aggression und bereitet Gewaltanwendung durch deren Rechtfertigung als Gegengewalt vor.

21. Nur die jeweiligen Besitzer, nicht die Habernichtse der Gewalt können Gewalteskalation und Brutalisierung durch Gewaltbeschränkung und Gewaltabstinenz verhindern.

22. Gewalt ist die geheime Botschaft der Massenmedien, in ihren Konfliktlösungsmodellen wird der gerechtfertigte, vorschnelle, sogar präventive Gebrauch von Gewalt ermutigt.

23. Um Gewalt zu legitimieren, werden ihre Alternativen ausgeschaltet. Nicht die Anprangerung von, sondern der Verzicht auf Schablonen und Etikettenschwindel, nicht die Forderung nach, sondern die Förderung von Toleranz für Komplexität sind die Strategien der Mündigkeit.

24. Die Sprache der Gewalt ist keine, wer nur sie versteht, ist Denkroboter und Gefühlsanalphabet.

25. Man kann von der Gewalt lernen, ohne sie nachzuahmen oder sich ihr zu beugen.[3]

Diese 25 Thesen wurden von dem US- amerikanisch- österreichischem Psychiater, Psychoanalytiker und Aggressionsforscher Friedrich Hacker aufgestellt. Er ist der Überzeugung, dass diese Thesen der Wahrheit entsprechen, doch prinzipiell hängt dies von der eigenen Meinung und Einstellung ab. Friedrich Hacker kommt aus der psychoanalytischen Tradition Sigmund Freuds und wurde im deutschsprachigen Raum vor allem durch seine Publikationen zum Thema Aggression und Gewalt bekannt. Ausgehend von den Thesen von Konrad Lorenz versuchte er diese Verhaltensweisen zu deuten und mit behavioristischen Thesen zu verbinden. (Als Gründer des Behaviorismus gilt John B.

---

[3] Vgl. Hacker, Friedrich: Aggression- Die Brutalisierung der modernen Welt. Wien- München- Zürich 1971. S.15ff.

Watson, welcher nur das untersuchte, was jeder beobachten konnte, also das menschliche verhalten. Aus behavioritischer Sicht ist der Mensch ein Produkt seiner Umwelt. Jeder Mensch kommt als „tabula rasa" (unbeschriebenes Blatt) auf die Welt und jegliches Verhalten wird durch Erfahrungen mit der Umwelt erlernt und ist nicht angeboren.[4]

2.2   Begriffsdefinitionen, Was sind Gewalt und Aggressionen?

Der Gesundheitspsychologe und Psychotherapeut Dr. Philip Streit, welcher aber auch viel mit Kindern und Jugendlichen arbeitete, meint, dass 95% der Bevölkerung mit den Wörtern Aggression und Gewalt etwas Negatives verbinden. Denn Gewalt und Aggression sind die Hauptverursacher von Schmerzen, Qual und Leid.

„Sie sind Quellen des Unglücks für Menschen und Gesellschaften und daher gilt es, ihnen entschieden entgegenzutreten."[5]

Diese Aussage traf Dr. Philip Streit, ein Psychologe, der sich viel mit der Verhaltensweise von Kindern beschäftigte. Er meint, dass Gewalt und auch Aggressionen als negativ zu bewerten sind, und keine positiven Eigenschaften haben, sondern die negativen Empfindungen der Menschen auslösen. Es existiert eine romantische Vorstellung von einer tollen Welt, welche gewalt- und aggressionsfrei sein sollte. Dies war schon die Vorstellung vieler

[4] https://www.uni-due.de/edit/lp/behavior/behavior.htm 21.12.13

[5] Streit, Philip: Jugendkult Gewalt, Was unsere Kinder aggressiv macht. Wien 2010. S.25.

Visionäre und Schriftstellern der letzten Jahrhunderte.[6] Nun möchte ich versuchen, eine Definition von dem Wort Gewalt und auch von dem Wort Aggression zu eruieren.

Die zwei Begriffe „Aggression" und „Gewalt" werden im alltäglichen Leben häufig gleichgesetzt. Beachtet man die wissenschaftliche Tradition, ist der Begriff „Aggression" der Übergeordnete. Er bezeichnet eine Handlung, bei der auf eine Verletzung eines anderen Menschen gezielt wird. Ursprünglich leitet sich das Wort Aggression vom lateinischen Wort „aggredere" ab, was so viel bedeutet wie „herangehen", also im Ursprung noch keine Spur von negativer Bedeutung, welches das Wort Aggression heute meist aufweist, besitzt.[7]

„ Aggression beschreibt das konkret handelnde, tätliche Innerpsychische. "[8]

Das Duden – Universalwörterbuch aus dem Internet definiert den Begriff Aggression als ein „ affektivbedingtes, auf Angriff ausgerichtetes Verhalten des Menschen, das auf einen

---

[6] Streit, Philip: Jugendkult Gewalt, Was unsere Kinder aggressiv macht. Wien 2010. S.25.

[7] Vgl. Hurrelmann, Klaus/Palentien, Christian/Wilken, Walter: Anti-Gewalt-Report-Handeln gegen Aggressionen in Familie, Schule und Freizeit. Weinheim, Basel 1995. S.15ff.

[8] Vgl. Streit, Philip: Jugendkult Gewalt, Was unsere Kinder aggressiv macht. Wien 2010. S.30.

Machtzuwachs des Angreifers bzw. eine Machtverminderung des Angegriffenen zielt". Als Beispiele für Aggression erscheinen im Duden-Universaltwörterbuch folgende Begriffe:

- Jemand ist voller Aggressionen
- Etwas löst Aggressionen aus
- Seine Aggressionen nicht steuern, mit seinen Aggressionen nicht umgehen können
- Jemand gegenüber Aggressionen haben, entwickeln
- Aggressionen abbauen, ausleben [9]

Im alltäglichen Leben kann eine Beleidigung, ein Schlag oder zum Beispiel auch das Verbreiten von Gerüchten sein, welche durch Gefühle wie Hass, Wut oder Neid hervorgerufen werden können, Beispiele für Aggressionen sein. Begünstigt können aggressive Verhaltensweisen durch eine Vielzahl von Faktoren werden, Erbanlagen, Erziehung, allgemeine Lebensumstände wie Stress oder Frustration oder auch Nachahmung sind nur einige davon.

Unter dem Begriff „Gewalt" versteht die wissenschaftliche Tradition die körperliche Gewalt, bei der einem anderen Menschen durch physische Stärke Schaden zugefügt wird.[10]

---

[9] http://www.duden.de/ 25.10.13

[10]Vgl. Hurrelmann, Klaus/Palentien, Christian/Wilken, Walter: Anti-Gewalt-Report-Handeln gegen Aggressionen in Familie, Schule und Freizeit. Weinheim, Basel 1995. S.15.

„Über den Begriff der Gewalt ist- ebenso wie über den Begriff der Aggressivität – keine einheitliche wissenschaftliche Aussage in der Literatur zu finden."[11]

Das Duden Universalwörterbuch aus dem Internet definiert den Begriff Gewalt als (a) „ ein unrechtmäßiges Vorgehen, wodurch jemand zu etwas gezwungen wird" und (b) „ gegen jemanden, etwas rücksichtslos angewendete physische oder psychische Kraft, mit der etwas erreicht wird". Als Beispiele für Gewalt erscheinen im Duden-Universaltwörterbuch folgende Begriffe:

- Die staatliche, richterliche, elterliche, priesterliche, göttliche Gewalt
- Die Teilung der Gewalten in gesetzgebende, richterliche und ausführende Gewalt
- Etwas in seine Gewalt bringen
- Jemanden in seiner Gewalt haben
- Sie stehen völlig in, unter seiner Gewalt (werden völlig von ihm beherrscht, unterdrückt, sind ganz von ihm abhängig)
- <In übertragener Bedeutung>: die Gewalt über sein Fahrzeug verlieren (beim Fahren plötzlich nicht mehr in der Lage sein, sein Fahrzeug zu lenken)[12]

Nach dem deutschen Pädagogen Johannes Krall hat das Wort Gewalt sowohl indogermanische als auch althochdeutsche Wurzeln. Seine

[11] Jerabek, Regina: Aggressionen in Hauptschulklassen und die Effektivität eines Anti-Aggressions-Programms. Wien 1996. S.2.

[12] Vgl. http://www.duden.de/ 25.10.13

ursprüngliche Bedeutung hat es von den Wörtern „walten", „Macht ausüben", „beherrschen", „führen" und auch „organisieren". Ursprünglich bezeichnet der Gewaltbegriff also eine neutrale Bedeutung aus, welche durch die Zeit eine andere Bedeutung bekommen hat. In unserer heutigen Zeit finden sich im Wort Gewalt drei nebeneinanderstehende Aspekte. Die körperliche Kraft und Stärke, die verletzende Gewalttätigkeit und die Macht oder staatliche Gewalt. Dadurch entsteht eine Doppeldeutigkeit, nämlich ein positives und ein negatives Gesicht des Begriffes Gewalt, begrifflich unaufgelöst. In der englischen Sprach fällt diese Unterscheidung der Doppeldeutigkeit leichter, da sie das positiv gebrauchte Wort „power" und das negativ gebrauchte Wort „violence" verwenden.[13]

Heute werden die Begriffe „Gewalt" und „Aggression" meist parallel verwendet, allerdings ist erkennbar, dass der Begriff „Gewalt" den Begriff „Aggression" immer mehr verdrängt. Auch viele verwandte Wörter wie zum Beispiel Gewaltbereitschaft, gewalttätig oder aggressiv, werden immer häufiger gebraucht.

2.3 Arten von Gewalt und Aggressionen

Es gibt zwei Erscheinungsformen von Aggressionen:

1. **Affektive Aggression**
2. **Zweckgerichtete Aggression**

Unter affektiver Aggression versteht man die Art des aggressiven Verhaltens durch heftige Wut oder das Gefühl der Provokation.

[13] Vgl. Streit, Philip: Jugendkult Gewalt. Wien 2010.

Beispiele für affektive Aggression können Rache, Feindseligkeit oder die Neigung zu impulsivem und unkontrolliertem Verhalten sein.[14]

Unter zweckgerichteter Aggression versteht man die Art des aggressiven Verhaltens welche einem Zweck dient und nicht hauptsächlich durch Wut oder Provokation ausgelöst werden muss, zum Beispiel wenn ein Kind ein anderes bedroht, um es zu zwingen, sein Handy herauszugeben. [15]

Wenn wir von Gewalt sprechen, haben wir verschiedene Formen davon im Blick:

- **Physische Gewalt**, bezeichnet die Schädigung oder Verletzung eines anderen durch körperliche Kraft und Stärke.
- **Psychische Gewalt**, bezeichnet die Schädigung oder Verletzung eines anderen durch psychische Kraft und Stärke, zum Beispiel durch Abwendung, Ablehnung, Abwertung, emotionales Erpressen, Entmutigung oder durch den Entzug von Vertrauen.
- **Verbale Gewalt**, ist die Schädigung oder Verletzung durch Worte, meist erniedrigende, beleidigende oder entwürdigende Worte.

[14] Vgl. Auer, Dagmar: Gewaltprävention- Konstruktiver Umgang mit Aggressionen. Wien 2001. S.3.

[15] Vgl. Auer, Dagmar: Gewaltprävention- Konstruktiver Umgang mit Aggressionen. Wien 2001. S.3.

- **Sexuelle Gewalt**, bezeichnet die Schädigung oder Verletzung eines anderen durch erzwungene sexuelle Handlungen, welche dem Täter eine Befriedigung seiner eigenen Bedürfnisse ermöglichen.
- **Frauenfeindliche Gewalt**, ist die Schädigung oder Verletzung von Frauen und Mädchen auf psychischer, physischer, verbaler oder sexueller Ebene, welche oft unter Machtausübung und in erniedrigender Absicht vorfällt.
- **Fremdenfeindliche und rassistische Gewalt**, bezeichnet die Schädigung und Verletzung jeglicher Art eines anderen Menschen aufgrund seiner Herkunft, seines Aussehens, seiner ethnischen Zugehörigkeit oder seiner Religion.[16]
- **Rituelle Gewalt** ist eine eher unbekannte Form von Gewalt. Diese kommt unter anderem in Sekten, Kulten oder organisierten Verbindungen vor. Beispiele dafür wären Satanismus oder Teufelsaustreibung. Ziel dieser Gewaltform ist es, durch physische, psychische und sexuelle Gewalt, absolute Dominanz zu erlangen und über das Handeln und Leben ihres Opfers bestimmen zu können. Oft werden die Opfer auch durch die Zuhilfenahme von Drogen und Alkohol gefügig gemacht.

---

[16] Vgl. Hurrelmann, Klaus/Palentien, Christian/Wilken, Walter: Anti-Gewalt-Report-Handeln gegen Aggressionen in Familie, Schule und Freizeit. Weinheim, Basel 1995. S.16ff.

- **Häusliche Gewalt** bezeichnet alle Gewaltausübungen, die innerhalb eines Haushaltes stattfinden. Darunter versteht man nicht nur Gewalt in Paarbeziehungen, sondern auch Gewalt gegen Kinder, Gewalt von Kindern gegenüber ihren Eltern und Gewalt zwischen Geschwistern. Die am häufigsten auftretende Erscheinungsform häuslicher Gewalt ist die Gewalt, welche innerhalb von Paarbeziehungen stattfindet. [17]

2.4 Ursachen von Gewalt und Aggressionen

Woher kommen Aggressionen und Gewalt bei Kindern und Jugendliche? Die Hauptfrage, welche ich in dieser Arbeit bearbeiten möchte, und gleichzeitig eine sehr schwere Frage. Sind Aggressionen und Gewalt angeboren und/oder vererbt(„Nature Theorie")? Oder entstehen diese doch erst im Kindesalter durch falsche Erziehung und haben etwaige andere Ursachen(„Nurture Theorie")?

Laut der „Nurture"- Theorie können Aggressionen und Gewalt bei Kindern und Jugendlichen viele Ursachen haben. Meist ein kleiner Streit mit den Geschwistern oder eine Aufgabe der Eltern, zum Beispiel das Zimmer aufzuräumen, reicht bei vielen Kindern schon aus, Formen von Gewalt und Aggressionen auszuüben. Ein böses Wort, ein leichter Hieb oder auch mal ein Faustschlag, kommen nicht selten vor. Oft ist ein Problem, dass gewalttätige Handlungen von den Eltern, älteren Geschwistern oder älteren Kindern in der

---

[17] Vgl. http://caritas.erzbistum-koeln.de/gewalt-los/informationen/formen_gewalt/ 22.12.13

Schule oder im Kindergarten vorgelebt und vorgezeigt werden, welche sich das Kind merkt und auch selbst anwendet. Umso öfters es aggressive und gewalttätige Handlungen miterlebt, umso „normaler" werden etwaige Tätigkeiten für es. Auch heißt es, dass viele Faktoren unserer heutigen Umwelt die Aggressionen und die Gewalt der Kinder und Jugendlichen fördern und verstärken, und diese stark zugenommen haben. Ist diese Aussage wahr, oder doch nur eine falsche Sichtweise? Seit einigen Jahren wird von der Polizei eine steigende Gewaltbereitschaft und Kriminalität bei Kindern und Jugendlichen von der Polizei festgestellt. Eine Kriminalstatistik der Polizei im Bereich der Körperverletzungsdelikte zeigt, dass die Zahlt der tatverdächtigen Kinder und Jugendlichen um 6400 Personen gestiegen ist, was eine Steigerung von etwa 8,4 Prozent bedeutet. Auffällig ist dabei auch, dass die Tatverdächtigen viermal häufiger Buben als Mädchen waren und die Straftäter immer jünger werden. Die hohe Zahl junger Gewaltopfer stellt ein großes Problem in unsrer Gesellschaft dar und bereitet große Sorge, weshalb Gewaltprävention heutzutage schon im Kindesalter relevant ist.[18]

Um zu behandeln, woher Aggression und Gewalt bei Kindern und Jugendlichen kommen, zuerst zu den verschiedenen Entwicklungsphasen eines Kindes nach Freud und ihre Rolle bei der Entwicklung der kindlichen Aggressivität.

---

[18] http://www.mjv.rlp.de/Startseite/binarywriterservlet?imgUid=ce171655-56c6-b31f-ba5b-366077fe9e30&uBasVariant=11111111-1111-1111-1111-111111111111 13.01.14

2.5 Gewaltfördernde Umwelt

Wenn Sie eine Nachrichtensendung im Radio hören, im Fernsehen anschauen oder in der Tageszeitung darüber lesen, was fällt einem als erstes ins Auge? – Szenen der Gewalt. Nach sozialwissenschaftlicher Betrachtungsweise umfassen solch gewaltvorkommende Szenen einen Großteil der Berichterstattung. Dadurch erscheinen uns Kinder und Jugendliche heute gewalttätiger und brutaler denn je. Viele fragen sich nun, ob diese Gewalttätigkeit durch Umwelteinflüsse entsteht und die Umwelt diese fördert. Um diese Frage zu behandeln, müssen zuerst die Schauplätze von Gewalttaten beobachtet werden.

2.5.1 Gewalt in den Medien

"People hunt and choose the kinds of stimulation they want. Violent material is popular. If our society changed in no other way than changing the balance of television offerings, people, to some degree, would still seek out violent material."[19]

Diese Aussage macht sehr klar deutlich, dass gewalthaltiges Material weit verbreitet ist und viel genützt wird. Außerdem meint sie, dass

---

[19]

http://www.dguv.de/medien/inhalt/zahlen/documents/Gewalt_an_Schulen.pdf 25.12.13

[20] Vgl. Hurrelmann, Klaus/Palentien, Christian/Wilken, Walter: Anti-Gewalt-Report-Handeln gegen Aggressionen in Familie, Schule und Freizeit. Weinheim, Basel 1995. S.62.

Menschen immer wieder an gewalthaltiges Material kommen werden, egal wie sehr die Fernsehprogramme geändert werden.

„Zwei Zehnjährige ermorden in Liverpool einen kleinen Jungen. Der Tatverlauf gleicht Szenen aus einem Horror-Video, das der Vater einer der beiden Jungen zu Hause hat. Sofort wird in der Presse der Film als Hauptursache des Geschehens dargestellt.“[20]

Man vermutet, dass Gewaltdarstellung im Fernsehen und bei Videos Aggressionen erzeugen und auch steigern und ein ängstliches Weltbild durch die Häufung bedrohlicher Informationen geschaffen wird. Doch lassen sich solche Wirkungen von Mediengewalt wissenschaftlich belegen? Jo Groebel der Direktor des Deutschen-Digital-Instituts meint dazu: „ Massenmedien konstituieren die Gesellschaft mit und sind beteiligt an der Auswahl, Entwicklung und Verdichtung einzelner Trends sowie am sozialen Klima. Gewaltdarstellungen rangieren als Ursache von Kriminalität vermutlich nicht an erster Stelle, eher wird man von einer Wechselbeziehung zwischen Familie, Milieu und auch Medieneinflüssen ausgehen müssen. Dass aber auch von denen (dem weitaus größeren Bevölkerungsteil), die noch nie selbst physische Gewalt erlitten haben, diese Gewalt als Dominante in unseren Gesellschaft angesehen wird, kann man als Medienkonsequenz interpretieren.“

Nach Jo Groebel sind drei Aspekte für generalisierbare Aussagen über Mediengewalt wichtig:

- Menge und Art der Gewaltdarstellungen im Fernsehangebot,

- Bedürfnis der Zuschauer nach Gewaltdarstellungen und
- Wirkungen der Mediengewalt.

Die Quantität der Mediengewalt

Gewaltdarstellungen sind heutzutage omnipräsent in den Medien und sind auch normaler Bestandteil jedes Medienangebotes. Nicht nur Film, Presse und Fernsehen präsentieren in Informationen oder Unterhaltung gewaltsame Auseinandersetzungen, sondern sogar etliche Sparten werden von solchen Szenen dominiert. Insgesamt scheint Gewalt im Vergleich zu ihrem tatsächlichen Vorkommen überpräsentiert, doch das größte Problem dürfte nach wie vor der Bezug zur Realität sein, die realen Ereignisse, die von den Medien aufgegriffen werden. Die Quantität der vorkommenden gewalttätigen Szenen fällt auf, nicht nur zahlreiche einzelne Sendungen finden sich in den Medien.[21]

- Gewalt ist im Fernsehprogramm omnipräsent
- Nicht nur einmal pro Tag sondern mehrmals pro Stunde sieht man auf dem Bildschirm Gewaltszenen
- Gewalt wird in zahlreichen Serien und auch filmen als unerlässlicher Bestandteil von Erlebnissen und Unterhaltung angesehen.[22]

---

[21] Hurrelmann, Klaus/Palentien, Christian/Wilken, Walter: Anti-Gewalt-Report-Handeln gegen Aggressionen in Familie, Schule und Freizeit. Weinheim, Basel 1995. S.63ff.

Gewaltdarstellungen stellen ein wichtiges Programmelement dar, da auf dem internationalen Markt Action- Serien relativ preiswert zu haben sind. Außerdem werden bei Action- Serien hohe Zuschauerzahlen erwartet, durch ihre einfachen Handlungsmuster und schnellen und anregenden visuellen Codes. Am Gesamtprogramm haben sie national und international einen hohen Anteil.

Das Bundesministerium für Familie, Senioren, Frauen und Jugend legte im Jahr 2010 aktuelle Forschungsergebnisse zum Thema Medien und Gewalt vor. Eine Studie untersuchte vollanimierte Disney-Filme ohne Altersbeschränkung, in denen mindestens eine menschliche Figur auftrat, aus den Jahren 1937 und 2000 auf ihren Anteil physischer Gewalt. Jeder der untersuchten Filme erhielt mindestens sieben Akte von Gewalt, die Untersuchung identifizierte 464 Gewaltakte und 564 verwendete Waffen inklusive Körpereinsatz. Als problematisch wurde erachtet, dass nur auf 32 Prozent der Gewalt innerhalb eines Films auf irgendeine Weise negativ reagiert wurde, aber in 60 Prozent der Fälle erfolgte gar keine Reaktion und in acht Prozent der Fälle wurde die Gewalt in Filmen sogar akzeptiert. In den USA liegen die Gewaltquoten noch bedeutend höher als zum Beispiel in Deutschland oder Österreich. Hier wurden bei Untersuchungen pro Sender im Durchschnitt

[22] Vgl. Hurrelmann, Klaus/Palentien, Christian/Wilken, Walter: Anti-Gewalt-Report-Handeln gegen Aggressionen in Familie, Schule und Freizeit. Weinheim, Basel 1995. S.63.

stündlich zehn Gewaltakte gezählt. Entsprechend sind amerikanische Serien quantitativ gewalthaltiger als europäische. [23]

Eine der ersten Langzeitstudien zum Zusammenhang von Fernsehen und Gewalt ergab, dass Jugendliche, die länger als eine Stunde am Tag fernsehen, im Erwachsenenalter des Öfteren zu Gewalttaten neigen. Als Ursache vermutet der Forschungsleiter der Columbia Universität in New York, Jeffrey Johnson, die häufigen Gewaltszenen in Filmen. Das Team der Columbia Universität hatte über 700 Personen ab ihrer Pubertät bis ins Erwachsenenalter beobachtet. Die Untersuchung ergab das Resultat, umso öfters Jugendliche fernsehen, desto öfter neigen sie als Erwachsener zu Gewalt. Von denen, die mehr als drei Stunden täglich fernsahen, verübten fünf Mal mehr Personen Gewalttaten als in der Gruppe der Personen, die weniger als eine Stunde pro Tag fernsahen. Das Team der Columbia Universität ist davon überzeugt, dass wirklich der Fernsehkonsum für diese Resultate verantwortlich ist, und nicht andere Faktoren wie zum Beispiel ein niedriges Familieneinkommen oder eine heruntergekommene Wohngegend. Außerdem glauben Experten, die Forschungsergebnisse der amerikanischen Studie ließen sich vermutlich auch auf deutsche Verhältnisse übertragen. Denn auch europäische Studien hätten belegt, dass der Konsum von Gewaltszenen im Fernsehen gewalttätiges Verhalten fördern kann,

---

[23] http://arbeitsblaetter.stangl-taller.at/MEDIEN/FernsehenGewalt.shtml
29.11.13

meinen Experten des Institutes für Kommunikationspsychologie und Medienpädagogik der Universität Landau. [24]

Die Qualität des Angebotes

Häufig ist nicht nur die Quantität der gewaltfördernden Programme problematisch, sondern auch die inhaltliche und formale Struktur der Darstellungen. Gewalt ist selten in einen differenzierten Handlungskontext eingebettet, sondern wird nach einfachen Mustern begründet und hat kaum weitreichende Konsequenzen. Problematisch ist auch, dass in den unterhaltenden Formen Gewalt wenig mit den Leiden des Opfers verbunden wird. Laut Hurrelmann, Palentien und Wilken (1995) erscheinen sie meist als:

- angemessenes Mittel zur Konfliktlösung
- Möglichkeit, eine Situation zu kontrollieren
- Element der Identitätsbildung durch aggressive Vorbilder (meist männliche)
- etwas, das Spaß macht und Erlebnisse schafft
- Verhalten, das in der Gesellschaft durch Medienaufmerksamkeit und häufig auch Anerkennung belohnt wird
- Mittel, um sich materielle Wünsche zu erfüllen
- Angemessene Reaktion auf Frustration oder Angriff
- Selbstzweck, als etwas, das neugierig macht.

---

[24] http://arbeitsblaetter.stangl-taller.at/MEDIEN/FernsehenGewalt.shtml 29.11.13

Ein großes Problem ist auch die Koppelung von Gewalt mit Sexualität. Dadurch könnten falsche Vorstellungen entstehen, es besteht die Gefahr, dass besonders männliche Jugendliche die Vorstellung entwickeln, Gewalt sei bei einer sexuellen Beziehung notwendig oder gar von der Frau erwünscht. [25]

Der größte Teil gewalthaltiger Szenen kommen in Spielfilmen und Serien vor und sind somit kaum als Spiegel einer angeblich gewalttätigen Gesellschaft anzusehen. Gewaltszenen erzeugen schon im Vorspann oder Trailer eines Filmes die Aufmerksamkeit von vielen Menschen und sind somit eine sichere Form hohe Zuschauerquoten zu erlangen. Deshalb sind in fast jedem Vorspann oder Trailer eines Filmes, Gewaltszenen ein fixer Bestandteil. Anders als in Spielfilmen oder Serien wird bei Nachrichten oder Dokumentationen dokumentiert, sie müssten Gewalt als Teil der Wirklichkeit zeigen. Unabhängig von ihrer gesellschaftlichen Relevanz nehmen Bilder von Gewalttaten zu, da alle Programmformen unter Quotendruck stehen. Hemmungen „ zu gewalttätige" Bilder zu zeigen, gibt es heutzutage fast gar nicht mehr. Die meisten Nachrichtensendungen stehen unter Konkurrenzdruck oder sind abhängig von internationalen Bildagenturen, wodurch des Öfteren „stärkere" also auch gewalthaltigere Bilder ausgewählt werden. Dabei gibt es nur mehr

[25] Vgl. Hurrelmann, Klaus/Palentien, Christian/Wilken, Walter: Anti-Gewalt-Report-Handeln gegen Aggressionen in Familie, Schule und Freizeit. Weinheim, Basel 1995. S. 65ff.

geringste Hemmungen gegenüber sehr drastischen Darstellungen, Greueltaten, bei denen früher die Kamera abgeblendet wurde, werden heutzutage absichtlich gezeigt, da sie so eine größere Chance haben gezeigt zu werden. Reale Ereignisse im Bereich von Kriminalität und/oder Katastrophen werden dokumentiert und mit der Formensprache der Fiktion gemischt. Dadurch werden sie dramatischer und öfter angesehen, erreichen somit höhere Zuschauerquoten.[26]

„ Das Leiden der Opfer kann entweder zum visuellen Reiz werden, der zu kurz präsentiert wird, um menschliches Leiden wirklich nachvollziehbar zu machen, oder um umgekehrt zum Objekt von Voyeurismus, wenn die Kamera sehr lange auf den Details des Leidens verharrt. " [27]

Darüber hinaus ist auch problematisch, dass, um mehr Aufmerksamkeit zu erzielen, über das Gewohnte hinaus, immer drastischere Inhalte und Formen gesucht werden.

Warum ist Fernsehgewalt attraktiv für uns?

Angstlust sowie das Beruhigende der „sicheren Entfernung" , die Geschlechterrollenbestätigung (männlich: Aggression, weiblich:

[26] Hurrelmann, Klaus/Palentien, Christian/Wilken, Walter: Anti-Gewalt-Report-Handeln gegen Aggressionen in Familie, Schule und Freizeit. Weinheim, Basel 1995. S.66.

[27] Vgl. Hurrelmann, Klaus/Palentien, Christian/Wilken, Walter: Anti-Gewalt-Report-Handeln gegen Aggressionen in Familie, Schule und Freizeit. Weinheim, Basel 1995. S.66.

Angst), als auch ein vermeintlicher natürlicher Aggressionstrieb sind herkömmliche Erklärungen für die Beliebtheit von Fernsehgewalt.
Es sind einige persönlichkeitsspezifische Aspekte vorhanden, welche eine Erklärung für die Gewaltfaszination wäre. Gewaltdarstellungen erfüllen die medienspezifischen Voraussetzungen des besonderen, der Action, der „starken" Bilder. Durch die meist mit Gewalt verbundene Bewegung und Dramaturgie wird eine physiologische Reaktion, eine erhöhte Erregung ausgelöst, welche – solange ein Maximum nicht überschritten wird – auch als angenehm empfunden wird. Allerdings können hier auch im Vorfeld schon Bewertungsprozesse mit ins Spiel kommen, Frauen zum Beispiel im Vergleich zu Männern bewerten aggressive Programme durchgehend als wesentlich weniger attraktiv. [28]

„Das „Angenehmsein" setzt sich also zusammen aus der körperlichen und einer bewertenden Reaktion" [29]

Wer schon einen aufregenden Tag hatte, sieht abends lieber etwas Beruhigendes, und wer tagsüber zu wenig Außenreize mitbekommen hat, braucht abends den extremen Krimi, meint der amerikanische

[28] Vgl. Hurrelmann, Klaus/Palentien, Christian/Wilken, Walter: Anti-Gewalt-Report-Handeln gegen Aggressionen in Familie, Schule und Freizeit. Weinheim, Basel 1995. S.66ff.

[29] Vgl. Hurrelmann, Klaus/Palentien, Christian/Wilken, Walter: Anti-Gewalt-Report-Handeln gegen Aggressionen in Familie, Schule und Freizeit. Weinheim, Basel 1995. S.67.

Forscher Dolf Zillmann. Doch nicht nur die schon genannten Geschlechtsunterschiede spielen eine große Rolle, sondern interessant sind auch noch relativ stabile Persönlichkeitsmerkmale. Es gibt unterschiedlich ausgeprägte „Reizsucher", die durch ihre physiologische Anlage bedingt ihr Maximum schon bei relativ schwachen oder eben erst bei sehr starken Reizen erreichen. Zu finden sind in unserer Gesellschaft nicht nur der Typ des Reizsuchers oder des Risikosuchers sondern natürlich gibt es auch Mischtypen. Gewaltdarstellungen sind nun interessant, da sie Persönlichkeitstendenz Risikosuche im Fernsehen auf entsprechende Angebote trifft, jedoch ist dies nicht mit einer kompensierenden oder gar therapeutischen Funktion gleichzusetzen. Nach einiger Zeit tritt eine Gewöhnung an starke, aggressive reize ein und es werden noch stärkere Reize benötigt, um einen physiologischen Ausgleich herzustellen. Laut Hurrelmann kann man in diesem Zusammenhang noch nicht von Sucht oder Abhängigkeit sprechen, sehr wohl aber von einer Spirale aus immer extremerem Angebot und noch weitergehenden Reizbedürfnissen. [30]

Wirkungsmechanismen der Gewalt im Fernsehen

Durch Studien konnten Vorgänge des Modellernens und der Desensibilisierung klar als Wirkungsmechanismen der Gewalt im Fernsehen identifiziert werden. Ein Beispiel für ein Modellernen

[30] Hurrelmann, Klaus/Palentien, Christian/Wilken, Walter: Anti-Gewalt-Report-Handeln gegen Aggressionen in Familie, Schule und Freizeit. Weinheim, Basel 1995. S.67ff.

wäre, wenn Kinder Gewalt im Fernsehen sehen und diese dann, zum Beispiel beim Sport, nachahmen. Ein weiterer Test bestand darin, Kindern im Kindergarten Filme von anderen Kindern zu zeigen, die entweder gewalttätig oder nicht gewalttätig miteinander umgingen. Danach gab man den Kindern die Gelegenheit, miteinander und auch mit Spielzeugen zu spielen, und es ergab sich, dass die Kinder, die Gewalt vorher sahen, selbst gewalttätig wurden. Sie imitierten die gesehene Gewalt, nicht nur im Spiel mit anderen Spielkameraden, sondern später auch im Umgang mit erwachsenen Personen. Desensibilisierung ist eine Methode aus der Verhaltenstherapie, welche aus Tierversuchen gut bekannt ist. Sie besagt, dass wenn ein Organismus einem bestimmten Reiz andauernd ausgesetzt ist, nimmt die Reaktion auf diesen Reiz immer mehr ab. Ein Beispiel dafür könnte sein, dass derjenige, der oft Gewaltfilme anschaut, weniger stark auf einzelne Gewaltszenen in einzelnen Filmen reagiert, heißt schon abgehärtet dagegen ist. Durch das dauernde Anschauen von Gewalt im Fernsehen ändern sich nicht nur das Erleben und die körperlichen Reaktionen. Sondern vor allem das Verhalten der Person. Außerdem sollte hinzugefügt werden, dass umso mehr gewalttätige Sendungen gesehen werden, umso normaler werden solch gewalttätige Verhaltensweisen dem Betrachter zunehmend normaler vorkommen. Als Fazit kann daraus geschlossen werden,

---

[31] http://arbeitsblaetter.stangl-taller.at/MEDIEN/FernsehenGewalt.shtml
29.11.13

dass das Betrachten von Gewalt zur Abstumpfung und zu gleichgültigerem Verhalten gegenüber Gewalt führen.[31]

Gewalt aus der Perspektive der Kinder

Hierzu ist zu sagen, dass Kinder viele Dinge in einem komplett anderen Blickwinkel als Erwachsene sehen. So auch Gewalt. Schon für Erwachsene ist das Gesehene manchmal nur schwer zu ertragen. Die heile Welt, in welche die Kinder meist leben, und die Welt wie Kinder sie sich vorstellen, wird durch blutige Szenen und brutale Bilder zerstört. Verwundete oder Tote in einem Krieg werden gezeigt, Attentäter oder Amokläufer mit ihrer grausamen Tat bis ins kleinste Detail filmisch dargestellt. Solch schreckliche Bilder können aus psychologischer Sicht zu einer Beunruhigung beitragen und Ängste auslösen, welche Alpträume verursachen, da die Bilder in der Nacht verarbeitet werden. Hinzu kommt noch, dass Erwachsene einzelne Bilder schneller und besser zu einem Gesamtbild zusammenfügen können und den Gesamtzusammenhang der Szenen schneller verstehen als Kinder. Im Gegensatz zu Erwachsenen sind Kinder nicht sofort in der Lage, die Bilder im Zusammenhang mit den Kommentierungen einzuordnen. Außerdem schaffen es Erwachsene meist besser, eine gewisse Distanz zur eigenen Realität zu bewahren, da ihnen die räumlichen und zeitlichen Sprünge sowie die Unterscheidung in reale und fiktionale Gewalt bewusst sind. [32]

---

[32] http://medienbewusst.de/fernsehen/20120319/fernsehgewalt-und-seine-folgen.html 24.11.13

Um diesen Angstzuständen entgegenzuwirken spielt eine Beteiligung der Eltern an der medialen Erfahrung eine große Rolle. Ein offenes Gespräch über das Gesehene ist wichtig, um den Kindern Zusammenhänge zu erklären, die sie selbst noch nicht verstehen oder einfach um Fragen der Kinder zu beantworten. Außerdem sollten Eltern ein wachsames Auge auf die Kinder werfen, vor allem was die Auswahl der Programme betrifft. Durch das Aufarbeiten von Gesehenem und/oder das Gespräch über die brutalen Szenen sowie das Umschalten des Programmes kann manch einer schlaflosen Nacht vorgebeugt werden. [33]

2.5.2 Gewalt in Schulen

Heutzutage wird oft durch die Medien vermittelt, dass Gewalt und Aggressionen an unseren Schulen Alltag sei. Außerdem könnte man meinen, die Zahl von Gewaltangriffen oder gewalttätigen und aggressiven Auseinandersetzungen sei rasant angestiegen. Dieses Bild der Massenmedien ist in der Regel systematisch verzerrt. Natürlich treten immer wieder Fälle von brutaler Gewalt durch Jugendliche an Schulen auf. Jedoch handelt es sich hierbei meist um tragische, aber singuläre Ereignisse, aus denen nicht eine symptomatische Zeichnung des Gewaltbildes an Schulen erschlossen werden kann.

---

[33] http://medienbewusst.de/fernsehen/20120319/fernsehgewalt-und-seine-folgen.html 24.11.13

Der Bundesverband der Unfallkassen führte eine empirische Studie zum gewaltverursachenden verletzungsgeschehen an Schulen in Deutschland vom Jahr 1993 bis 2003 durch. Aus dieser Studie stammen im Wesentlichen folgende Ergebnisse:

- Die häufigste Gewalt an Schulen ist die verbale Gewalt
- Mit Ausnahme der verbalen Gewalt ist Gewalt von Schülern deutlich eine Domäne männlicher Schüler
- Gewalt an Schulen nimmt tendenziell mit steigendem Bildungsniveau ab. Hauptschulen weisen besonders bei physischer Gewalt deutlich höhere Werte auf als Gymnasien.
- Häufige Gewaltanwendung geht von einem kleinen, gewaltaktiven Kern aus. Je gravierender die Gewalthandlungen werden, desto größer wird zunächst auch der Anteil gewaltpassiver Schüler.
- Täter-und Opferstatus hängen relativ eng miteinander zusammen. Schüler die überproportional häufig den Gewalthandlungen ihrer Mitschüler ausgesetzt sind, üben auch überproportional oft selbst Gewalt aus. Andererseits sind Täter auch mehrheitlich zugleich auch Opfer von Gewalt.
- Immer größere Beachtung für die Einschätzung der schulinternen Gewaltlage findet auch das Phänomen des „Bullying" oder Mobbing. Es handelt sich hier um spezifische Formen von Aggression, bei dem bestimmt,

viktimisierte Schüler längerfristig negativen Handlungen von Mitschülern ausgesetzt sind. [34]

Die immer öfters vorkommende, brutale Gewalt in Schulen lässt viele Lehrer/innen verzweifeln. Die Kinder werden immer skrupelloser und brutaler und schlagen und treten ihr Opfer auch noch, wenn dies schon kampfunfähig am Boden liegt. Immer häufiger fällt auf, wie wenig Mitgefühl die Täter mit den Opfern zeigen und wie wenig Hilfe diese Opfer bei einem Angriff bekommen. Dies meint zumindest die deutsche Diplom- und Schulpsychologin Heidrun Bründel.

Erscheinungsformen von Gewalt an Schulen

Wie schon gesagt, kommt, laut der Studie des Bundesverbandes der Unfallkassen, verbale Gewalt am Häufigsten in Schulen vor. Doch reichen die Erscheinungsformen von Gewalt über Disziplinlosigkeit im Unterricht, verbalen und physischen Angriffen gegenüber Lehrern und Mitschülern, sowie auch Diebstahl, Raub und Erpressung. Auch Vandalismus, Schulschwänzen und Regelverletzungen kommen immer öfters vor. Dazu sollte hinzugefügt werden, dass Lehrer von einer zunehmenden Bewaffnung an Schulen sprechen. Messer, Reizgas und auch Schreckschusspistolen, aber auch das Erlernen von Kampfsportarten, werden immer beliebter. Eine häufige Erscheinungsform an Schulen

[34] Vgl. http://www.dguv.de/medien/inhalt/zahlen/documents/Gewalt_an_Schulen.pdf 25.12.13

ist die rassistische Gewalt. Rassismus und Ausländerhass sind keine Seltenheit mehr, und führen oft nicht nur zu verbalen, sondern auch körperlichen Auseinandersetzungen zwischen den Mitschülern. Außerdem herrscht auch die sexistische Gewalt in Schulen vor. Diese drückt sich vorwiegend in körperlicher oder verbaler Gewalt von Jungen gegen Mädchen aus oder, wie Heidrun Bründel meint, in manchen Fällen auch von Lehrern gegen Schülerinnen. [35]

„Mädchen werden in der Schule durch Worte beleidigt und diffamiert und sind sexuellen Anspielungen ausgesetzt oder werden auf geschlechtsspezifische Rollenklischees festgelegt."[36]

Ausmaß der Gewalt an Schulen

Es ist sehr schwer, objektiv zu ermitteln, ob Gewalt nun an unseren Schulen wirklich zugenommen hat oder nicht. Vieles, was in unseren Schulen geschieht, dringt nicht an die Öffentlichkeit oder wird nicht als krimineller Akt registriert. Gewalttätigkeiten gegen Personen in der Schule bleiben meist verborgen, denn viele gewalttätige und kriminelle Geschehnisse werden nicht angezeigt. [37]

---

[35] Hurrelmann, Klaus/Palentien, Christian/Wilken, Walter: Anti-Gewalt-Report-Handeln gegen Aggressionen in Familie, Schule und Freizeit. Weinheim, Basel 1995

[36] Vgl. Hurrelmann, Klaus/Palentien, Christian/Wilken, Walter: Anti-Gewalt-Report-Handeln gegen Aggressionen in Familie, Schule und Freizeit. Weinheim, Basel 1995. S. 42.

[37] Hurrelmann, Klaus/Palentien, Christian/Wilken, Walter: Anti-Gewalt-Report-Handeln gegen Aggressionen in Familie, Schule und Freizeit. Weinheim, Basel 1995. S.42.

Studien durch den Bundesverband der Unfallkassen aus dem Jahr 2003 untersuchten die Raufunfälle in den bestimmten Schultypen. Je 1000 Schüler wurden beobachtet und diese Ergebnisse brachte die Studie: Im Jahre 2003 waren 93.295 Unfälle eine Folge von aggressiven Verhaltensweisen zwischen Schülern. Hauptschulen weisen die höchsten Aggressivitätsquoten mit Verletzungsfolgen auf, und in den Sonderschulen fand man die niedrigste Aggressivitätsquote mit Verletzungsfolgen vor. Die Studie des Bundesverbandes der Unfallkassen ergab außerdem, dass Jungen zu 69% an Tätlichkeiten mit Verletzungsfolge beteiligt waren.[38]

Schulart	Raufunfälle	Raufunfallrate
	Anzahl	Je 1.000 Schüler
Grundschule	15.542	4,9
Hauptschule	36.907	32,8
Sonderschule	7.905	18,4
Realschule	19.931	15,5
Gymnasium	13.009	5,7
Insgesamt	93.295	11,3

Die Studie ergab außerdem, dass die höchsten Raufunfallraten in den Altersgruppen der 11-15jährigen Jungen stattfanden. Dazu ist noch hinzuzufügen, dass sowohl bei den Jungen als auch bei den Mädchen in den Altersgruppen der 11-15jährigen die höchsten Raufunfallraten sattfinden. Am niedrigsten ist diese Rate sowohl bei Mädchen, als

[38]
http://www.dguv.de/medien/inhalt/zahlen/documents/Gewalt_an_Schul en.pdf 25.12.13

auch bei Jungen bei den unter 6jährigen. Dann steigt sie kontinuierlich an, doch ab dem 14. Lebensjahr sinkt die Rate laut der Statistik wieder. Deutlich fällt auf, dass bei allen Altersgruppen die Mädchen nahezu die Hälfte der Raufunfallraten der Jungen aufweisen.

Diese Ergebnisse zeigt die folgende Tabelle:

Alter	Raufunfälle			Raufunfallrate		
	Anzahl			Je 1.000 Schüler		
	Jungen	Mädchen	Insgesamt	Jungen	Mädchen	Insg.
<=6	512	226	737	2,8	1,1	1,9
7	1.513	605	2.117	3,9	1,6	2,8
8	3.564	1.509	5.073	9,1	4,1	6,6
9	3.981	2.153	6.134	9,9	5,7	7,9
10	4.827	2.790	7.617	12,6	7,8	10,3
11	7.256	3.660	10.917	22,2	11,9	17,2
12	8.568	3.975	12.543	24,1	11,5	17,9
13	9.260	3.947	13.207	23,8	10,4	17,2
14	9.067	3.194	12.261	22,8	8,3	15,7
15	7.308	3.198	10.506	20,3	9,0	14,7
16	4.523	2.368	6.891	17,0	8,8	12,8
17	2.311	866	3.177	14,1	4,8	9,2
>=18	1.505	609	2.114	8,6	3,0	5,6
	64.194	29.101	93.295	15,3	7,1	11,3

39

---

[39] Vgl.
http://www.dguv.de/medien/inhalt/zahlen/documents/Gewalt_an_Sc hulen.pdf 25.12.13

2.6 Aggressionen in den Entwicklungsphasen

Die orale Phase (0-1,5Lj.)

„In den ersten eineinhalb Jahren ist der Säugling bzw. das Kleinkind von oralen Wünschen geprägt. Das heißt, dass in dieser Phase das Saugen an der Brust der Mutter, also der Mund der Mittelpunkt der Triebbefriedigung darstellt"[40]

Neue Gegenstände werden mit dem Mund, den Lippen und der Zunge erkundet, das Saugen an der Brust oder der Flasche gibt dem Säugling Sicherheit. In der oralen Phase ist das Kind noch nicht fähig, zwischen seinem Ich und seiner Außenwelt zu unterscheiden, außerdem spricht man davon, dass es in einem objektlosen Zustand lebt. Es befindet sich in der Phase des primären Narzissmus. (Freud, 1914) In dieser Phase kann der Säugling bzw. das Kleinkind noch nicht zwischen sich und der Außenwelt unterscheiden und keine libidinösen Beziehungen zu dieser aufbauen, was bedeutet, in der oralen Phase kann noch von keiner kindlichen Aggression oder Gewalt sprechen.[41]

Die anale Phase (1,5-3Lj.)

In dieser Phase wird das Kot-Ausscheiden als Abbau von Spannung und Leistung erlebt, Kinder entwickeln Spaß an der Erleichterung

---

[40] Jerabek, Regina: Aggressionen in Hauptschulklassen und die Effektivität eines Anti-Aggressions-Programms. Wien 1996. S.13.

[41] Jerabek, Regina: Aggressionen in Hauptschulklassen und die Effektivität eines Anti-Aggressions-Programms. Wien 1996. S.13ff.

und auch Machtausübung. Die Selbstkontrolle und die Erziehung zur Sauberkeit stehen im Vordergrund der analen Phase. Das Kind gelangt zu einer neuen Form der Objektsbeziehung und damit zu einem fortschreitenden Realitätsbezug, durch welchen sich die ersten aggressiven Äußerungen vollziehen. In dieser Phase erlebt das Kind zum ersten Mal die Möglichkeit Aggressionen auszuleben, indem es gegen den Willen elterlicher Gebote und Verbote handelt, es versucht sich zu behaupten und seine eigene Meinung durchzusetzen.

In der analen Phase ist die Sozialisation der Aggression durch die Familie eine Notwendigkeit, welche durch ein integrierendes Über-Ich nach innen gewendetes und der Kontrolle des Ich unterstellt ist. Für die Eltern bedeutet dies, in dieser Phase Verständnis und Einsicht den Kindern gegenüberzubringen, um Persönlichkeitsstörungen zu vermeiden.

In dieser Phase kann das Kind seine Objektbeziehung auch auf andere Leute richten und Freud (1914) behauptet auch, dass es nun die Libido auch auf andere Objekte gerichtet werden kann.[42]

Die phallische Phase

Die Kinder beschäftigen sich in dieser Phase mit der jeweils eigenen Geschlechterrolle, welche mit dem psychoanalytischen Begriff als „ödipale" Phase bezeichnet wird. Deshalb kann es in der phallischen

[42] Jerabek, Regina: Aggressionen in Hauptschulklassen und die Effektivität eines Anti-Aggressions-Programms. Wien 1996. S.14ff.

Phase zum ersten Mal zu bewussten Aggressionen kommen, die in der Phantasie ausgelebt werden können. Die Konflikte der Kinder sind dadurch zu lösen, indem das Kind sich mit dem Elternteil konkurriert, welche dazu führen, dass das Kind sich mit den Norm- und Wertvorstellungen der Eltern befasst, hauptsächlich durch Nachahmung des Elternverhaltens. Das Akzeptieren der elterlichen, moralischen Wertvorstellungen bewirkt zudem die Ausbildung des Über-Ich. Nicht nur das Über-ich wird ausgeprägt, sondern auch die voranschreitende Ich-Stärke wird als eine wichtige Charaktereigenschaft ausgeprägt wird, die eine Herabsetzung der Aggression und Angst zur Folge hat.

In den letzten beiden Phasen (orale und phallische Phase) kommt es am ehesten zu bewussten, kindlichen Aggressionen. Für das Kind ist es überäußerst wichtig, dass es die Emotionen auch äußern darf, um spätere Folgeschäden zu vermeiden. Weist man das Kind ab, beantwortet man diese kindlichen Ausbrüche mit dem Entzug der Zuwendung oder sogar körperlichen Strafen, so wird das Kind in Zukunft seine Wutausbrüche zurückhalten. Dies allerdings führt dazu, dass das Kind seine Aggression weder integrieren, noch sublimieren kann, das heißt, dass es nicht mit ihr umgehen kann. Dadurch lernt es nicht, die Verantwortung für seine aggressiven Impulse und Handlungen zu übernehmen.[43]

---

[43] Jerabek, Regina: Aggressionen in Hauptschulklassen und die Effektivität eines Anti-Aggressions-Programms. Wien 1996. S.16.

Eine äußerst schwer zu beantwortende Frage ist, ob Aggressionen und Gewalt nun angeboren sind, oder doch durch Entziehung entstehen. Fakt ist, dass die ersten kindlichen Aggressionen schon im Kindesalter auftreten, die Häufigkeit und Stärke dieser kindlichen, aggressiven Ausbrüche ist nun aber von Kind zu Kind verschieden. Um für diese Frage Beantwortungsansätze zu finden, sollte man nicht nur die Entwicklungstheorie aus tiefenpsychologischer Sicht nach Freud bearbeiten, sondern sich auch mit der Erziehung der Eltern und verschiedenen gewaltfördernden Faktoren beschäftigen. 9,9% in einer von Hurrelmann befragten Mütter und 5,6% der befragten Väter sind der festen Überzeugung, dass eine Ohrfeige noch keinem Kind geschadet hat. 61,0% der Mütter und 67,0% der Väter fügen ihren Kindern ab und zu leichte körperliche Gewalt zu, was heißt, dass sie ab und zu Ohrfeigen oder Klapse austeilen. Erschreckende 28,5% der Mütter und 26,0% der Väter wenden als Erziehungsmaßnahme für ihre Kinder ab und zu schwere körperliche Gewaltformen an, wie Prügel, Hintern versohlen oder Schläge mit Gegenständen.[44]

2.7 Aggressivität im Kindes- und Jugendalter

Arten der Aggressivität im Kindesalter nach Bernhard Hassenstein

- Spielerische Aggressivität

---

[44] Hurrelmann, Klaus/Palentien, Christian/Wilken, Walter: Anti-Gewalt-Report-Handeln gegen Aggressionen in Familie, Schule und Freizeit. Weinheim, Basel 1995. S.82ff.

Oft haben Aggressivität bei Kindern eine spielerische Absicht und sind Anteile des kindlichen Spielverhaltens. Kämpferische Angriffe wie zum Beispiel das Werfen von Schneebällen von schon 2-jährigen Kindern auf die Eltern, geschehen nicht aus feindlicher Absicht heraus, sondern gehören zum Spiel eines Kindes. Starten die Angegriffenen einen Gegenangriff oder machen diese Ansätze zur Flucht, können sich die Kinder meist vor Freude gar nicht zurückhalten. Es scheint so, als sei der Drang für das Spielen selbst der Motor für ein spielerisches Angreifen. Später, mit einem etwas höheren Alter spielen die Kinder mit Hingabe Spiele wie „Räuber und Gendarm", kämpfen mit Action-Man-Figuren oder Plastikmonstern und wollen dabei erproben, wie „stark und mächtig" sie sind. Diese spielerische Aggression hilft allerdings auch bei der Kontaktaufnahme und auch Festigung von Beziehungen.

- <u>Aggressivität als Antwort auf verhinderte Bedürfnisbefriedigung (Versagen, Frustration)</u>
Eine der natürlichsten Reaktionen von sowohl Kindern als auch Erwachsenen ist es, auf eine Nichterfüllung der Bedürfnisse oder auf eine Nichterfüllung eines Wunsches mit Aggressivität zu reagieren. Dadurch soll das Problem aus dem Weg geräumt werden, der Wunsch erfüllt werden oder ganz einfach ein Aufmerksamkeitsdefizit ausgeglichen werden. Um die Aufmerksamkeit der Eltern zu bekommen, probieren Kinder die verschiedensten Dinge aus, doch auf

Aggressivität reagieren alle Eltern, ob negativ oder positiv, interessiert die Kinder nicht so sehr, viel wichtiger ist für sie, die Aufmerksamkeit die sie brauchen/wollen überhaupt zu bekommen.

„ Ein nervöser Mensch wird ärgerlich, wenn der Ober das bestellte Essen zu spät bringt oder wenn sich etwas Gesuchtes nicht finden lässt (...) Auch ein Kind wird >gereizt<, wenn man ihm etwas Begehrtes vorenthält. "[45]

Dabei sind einige Bedürfnisse der Kinder, wie zum Beispiel das Erkunden, Untersuchen oder Beobachten ungewöhnlicher Ereignisse, stärker und elementarer als sich die meisten Erwachsenen vorstellen können. Deswegen merken zum Leidwesen der Kinder viele Erwachsenen nicht, wie sehr sie diese kindgemäßen Bedürfnisse im täglichen Leben einschränken. Auf Grund dessen reagieren einige Kinder mit kindlichen Aggressionen gegen diese Behinderung, was eine natürliche Folge der Einschränkung der Bedürfnisse darstellt. Sie sind ein natürliches Mittel der Kinder, sich nicht nur gegen Widerstände aufzulehnen, sondern auch die Sättigung ihrer elementaren Bedürfnisse durchzusetzen und den Freiraum, welches sie für ihre Selbstständigkeit brauchen, zu erobern und zu verteidigen. Dabei kommen sowohl die Eltern, als auch andere Erwachsene und auch Geschwister

---

[45] Hassenstein, Bernhard: Verhaltensbiologie des Kindes. München 1987. S.103.

oder andere, meist gleichaltrige Spielkameraden als „Gegner" in Frage.

Kindliche Aggressionen können für Kinder auch ein Mittel zum Zweck sein, um sich von den Eltern abzugrenzen und ihnen zu zeigen, dass sie schon selbstständig sein können und ihre eigenen Ziele verfolgen. Meist kommt/kommen diese Aggressivität/Aggressionen bei älteren Kindern und auch schon Jugendlichen vor. *„Die müssen die Eltern achten. Ein Kind soll, wenn es sich im Recht fühlt, auch gegen seine Eltern argumentieren dürfen und, wenn es im Recht ist, auch seitens der Eltern Recht bekommen."*

- Aggressivität als Mittel zum Auskundschaften des Verhaltensspielraums

  Nicht nur die spielerische Aggressivität oder die Reaktion von Kindern auf die Nichterfüllung ihrer Bedürfnisse sind die einzigen Quellen für kindliche Aggressivität. Eine Quelle für eine nichtspielerische Aggressivität, vor allem gegen Eltern oder andere Erwachsene und Kinder, so wie die Reaktion auf die Nichterfüllung ihrer Bedürfnisse, kann auch die Aggressivität als Mittel zum Auskundschaften des Verhaltensspielraums sein. Denn auch bei der Erfüllung der elementaren Bedürfnisse stellen viele Kinder ihre Aggressivität meist nicht ein, je mehr man den Kindern erlaubt und gewährt, desto schlimmer und unleidlicher werden sie manchmal. Des Öfteren haben Eltern das Gefühl, die Kinder probieren aus „wie weit sie gehen können", das heißt wie lange sie die Eltern mit Taten oder auf sonstige Arten provozieren, bis diese einschreiten. Dieses so kennzeichnende, anscheinend motivlose Neinsagen und das Bockigsein der Kinder ist so kennzeichnend, dass man von einem „Trotzalter" spricht. Hassenstein meint, dass intelligente Kinder, welche sich schon selbst beobachten können, sich manchmal ausdrücklich fragen, woher dieser „Bock" eigentlich kommt und er meint, dass sie merken, dass ihr Handeln durch innere Impulse mitbestimmt wird, welche ihrer bewussten Einschätzung der Umstände nicht entsprechen.

Es gibt also Aggressionen gegen Erwachsene aber auch Kinder, welche nicht der Behinderung der Wunscherfüllung zugeschrieben werden kann. Aus der Sicht der Verhaltensbiologie ist dies absolut normal und nicht überraschend, es wäre erstaunlich, würde es eine solche Art der Aggression bei Kindern nicht geben. Theoretisch wäre diese Aggression als eine Auskundschaften der Wesensart und der Reaktionsweisen anderer Kindern und Erwachsenen zu deuten und dient auch dazu, die Grenzen des eigenen sozialen Verhaltensspielraumes durch austesten, kennenzulernen. Zugleich handelt es sich auch um ein Angreifen mit dem Ziel, eine höhere Rangstufe im Sozialverband der Gesellschaft, also im Fall des Kindes, der Spielgemeinschaft und der Familie, zu erreichen, um als eine

„wichtigere Person", mit mehr Mitspracherecht, gehalten zu werden.

Nun zu einem Beispiel von Hassenstein, welcher vielleicht bei Beginn der aggressiven Exploration gegen einen Erwachsenen festgehalten wurde. Als aggressive Exploration wird das Auskundschaften der Wesensart und der Reaktionsweisen der anderen Kinder und Erwachsenen, um die Grenzen des eigenen sozialen Verhaltensspielraums kennenzulernen und zu erweitern, genannt. Es handelt sich um einen kleinen Buben, welcher sich gerade im sogenannten „Trotzalter" befindet. [46]

„ Ein Sohn, bisher „brav und gehorsam" und als ein Prachtexemplar der Erziehung geltend, tritt eines Morgens, völlig überraschend, in den Türrahmen des Zimmers, stemmt beide Arme in die Hüften und erklärt seinem Vater: „So, Vati, jetzt hau ich dir eine runter." Damit aber nicht genug, er riskierte sogar einen Ringkampf mit dem Vater!"[47]

Ein Kind ist von Anfang an Mitglied eines Sozialverbandes und um die sozialen Verhaltensweisen der anderen Mitglieder und deren Stellung der Rangordnung und um die Verhaltensregeln und Traditionen der Gruppe kennenzulernen, befolgt es unbewusst eine hierfür

---

[46] Hassenstein, Bernhard: Verhaltensbiologie des Kindes. München 1987. S.102ff.

[47] Vgl. Hassenstein, Bernhard: Verhaltensbiologie des Kindes. München 1987. S.104.

allgemeingültige Strategie. Beim Hineinwachsen eines einzelnen Individuums ins soziale Leben tritt es an jedes andere Gruppenmitglied auf möglichst verschiedene Weise aktiv heran, um dessen Reaktionen hervorzulocken. Dies kann auf kontaktsuchende aber auch auf aggressive Verhaltensweisen geschehen, um die Wesensart der Gruppenmitglieder und auch die Verhaltensnormen der Gruppe zu erkunden. Dieses, auf zwei Arten mögliche Auskundschaften, muss sich beim Kind in jeder Altersstufe immer erneut wiederholen, da es sowohl körperlich als auch geistig immer neue Fähigkeiten erwirbt und sich daher jedes Mal neu zu orientieren hat. [48]

2.8   Umgang mit Gewalt und Aggressionen

Häufig stellt sich für Eltern die Frage, wie sie nun mit aggressiven und/oder gewalttätigen Kindern umgehen sollen. Dazu ist zuerst einmal zu sagen, dass Kindern und Jugendlichen durch ihre Eltern ein Leben ermöglicht werden soll, in dem sie ihre körpereigenen Endomorphine ausleben können und nicht auf andere Mittel zur Beruhigung, wie zum Beispiel Drogen oder Gewalt, zugreifen müssen.[49]

---

[48] Hassenstein, Bernhard: Verhaltensbiologie des Kindes. München 1987. S.104ff.

[49] Vgl. Auer, Dagmar: Gewaltprävention- Konstruktiver Umgang mit Aggressionen. Wien 2001. S.118.

Kaum eine Mutter oder ein Vater kann sich vorstellen, dass aus ihrem süßen Baby später einmal ein brutaler Schläger wird. Und doch kann es passieren, dass aus dem Sprössling ein Jugendlicher heranwächst, der andere Menschen verbal und körperlich attackiert. Nun sind viele Erwachsene überfordert, wie sie mit ihrem Kind nun umgehen und wie sie sich ihm gegenüber verhalten sollen.[50]

Das Verhalten des Kindes/Jugendlichen muss Konsequenzen haben

Grundsätzlich wird Gewalt immer angewendet, wenn andere Handlungsstrategien fehlen oder um das Selbstwertgefühl des Heranwachsenden zu steigern. Sofort der erste Gewaltausbruch eines Jugendlichen muss als Alarmzeichen wahrgenommen werden, und darf von den Eltern oder anderen Erwachsenen heruntergespielt und verharmlost werden. Dann lernt das Kind nämlich, mit seinem Verhalten durchzukommen und kennt nicht die Grenzen an die es sich halten muss, welche normalerweise von den Eltern aufgestellt werden. Dem Heranwachsenden muss klar gemacht werden, dass seine Tat falsch war und er muss die Verantwortung dafür übernehmen, beispielweise im Rahmen eines Täter-Opfer-Ausgleichs. Der Gewalttäter muss erkennen, dass er durch Gewalt keinen Nutzen für sich erzielt, sondern es für ihn Folgen gibt.[51]

---

[50] Vgl. http://www.t-online.de/eltern/jugendliche/id_42085816/jugendgewalt-wenn-jugendliche-gewalttaetig-werden.html 13.01.14

Die Tat nicht mit der Person verwechseln

Einerseits ist es sehr wichtig dem Teenager Konsequenzen aufzuzeigen, doch andererseits ist es auch wichtig, dem Heranwachsenden zu zeigen, dass man seine Tat zwar verurteilt, ihn aber als Person weiterhin schätzt und liebt. Denn wenn ein junger Täter Ablehnung, zum Beispiel von den Eltern, und sich womöglich als unverstandenes Opfer fühlt, bekommt er weitere Selbstwertprobleme und gerät immer tiefer in die Gewaltspirale.[52]

Ein „Nein" müsste immer gelten

Sehr wichtig ist es, dass Kinder und Erzieher schon ab den ersten Lebensjahren genau hinsehen und eventuelle aggressive Verhaltensweisen erkennen. Schon im ersten Lebensjahr sollte man dem Kind beibringen, sich an Regeln zu halten und ein „Nein" zu akzeptieren und zu respektieren. Bestimmte Wertevorstellungen und

---

[51] Vgl. http://www.t-online.de/eltern/jugendliche/id_42085816/jugendgewalt-wenn-jugendliche-gewalttaetig-werden.html 13.01.14

[52] Vgl. http://www.t-online.de/eltern/jugendliche/id_42085816/jugendgewalt-wenn-jugendliche-gewalttaetig-werden.html 13.01.14

[53] Vgl. http://www.t-online.de/eltern/jugendliche/id_42085816/jugendgewalt-wenn-jugendliche-gewalttaetig-werden.html 13.01.14

auch ein gutes Benehmen, sollte man den Kindern von Anfang an lehren, damit sie einschätzen können, was richtig und was falsch ist.[53]

Hilfe und Rat einholen

Es ist normal, dass Jugendliche hin und wieder das Bedürfnis haben, sich auseinanderzusetzen, auch körperlich. Doch passiert dies öfters und merkt man, dass man innerhalb der Familie mit der Situation überfordert ist, sollte man sich professionelle Unterstützung holen. In gravierenden Fällen sollte man als Elternteil oder Erziehungsberechtigter auch vor einem Gespräch mit der Polizei nicht scheuen, denn da ist man in der Regel sehr interessiert, mit den Eltern jugendlicher Straftäter zusammenzuarbeiten. Unterstützung kann man nicht nur bei der Polizei, einem Kinder- und Jugendpsychologen sondern auch beim Jugendamt und in einer Erziehungsberatungsstelle finden. Am Wichtigsten ist, dass man die Situation nicht unterschätzt oder „totschweigt", sondern sich professionelle Hilfe holt, wenn man nicht mehr weiter weiß.[54]

2.9   Lösungsmöglichkeiten/Gewaltprävention

Unangebrachte Lösungsversuche

Eine Frau hat ihren Mann gebeten, für das Abendessen noch etwas einzukaufen, da sie erst spät vom Sport nach Hause kommt. Als sie dann heimkehrt, findet sie einen leeren Kühlschrank vor. Nun ist es

---

[54] Vgl. http://www.t-online.de/eltern/jugendliche/id_42085816/jugendgewalt-wenn-jugendliche-gewalttaetig-werden.html 13.01.14

leicht, sich auszumalen, dass dies eine konflikthafte Situation für sie ist. Vielleicht ist sie gekränkt durch das Handeln bzw. besser das Nichthandeln ihres Mannes oder ist einfach nur ärgerlich, da sie hungrig ist. Nun kommt sie ins Handeln, um den Konflikt zu lösen. Sie könnte nun ihren Mann anrufen und ihm gehörig die Meinung sagen, in die Garage gehen und einen Kratzer in sein geliebtes Auto machen, um sich von ihrem emotionalen Unmut und Konflikt kurzzeitig zu lösen, oder sie könnte es einfach hinnehmen und in ein naheliegendes Restaurant essen gehen. Sein geliebtes Auto zu zerkratzen würde zwar kurzzeitig ihrem Ärger Luft machen, doch ihr wirkliches Bedürfnis bleibt allerdings unbefriedigt. Diese aggressive Tat bringt nicht das gewünschte Ergebnis, und somit handelt es sich um einen unvollkommenen Lösungsversuch.[55]

Wenn Valentin in seiner Klasse einmal einen Wutanfall bekommt, hat das noch nichts zu bedeuten. Wenn er aber des Öfteren wütend wird und beginnt zu toben und zu schreien, führt dies sofort zu einer Etikettierung seines Verhaltens.[56]

Diese sozialkulturellen Maßstäbe können im Wesentlichen in drei Gruppen geteilt werden:

<u>Das Verhalten entspricht nicht den kommunikativen Erwartungen</u>

---

[55] Streit, Philip: Jugendkult Gewalt, Was unsere Kinder aggressiv macht. Wien 2010. S. 145ff.

[56] Streit, Philip: Jugendkult Gewalt, Was unsere Kinder aggressiv macht. Wien 2010. S. 147ff.

Ein einjähriges Kind darf möglicherweise noch toben und schreien, doch von einem Zehnjährigen erwartet man, dass es sich zu benehmen weiß.

Das Verhalten entspricht nicht den Leistungsnormen bzw.-erwartungen

Die Menschen haben genaue Vorstellungen davon, was man wann können muss. Wird neben einer entsprechenden Entwicklung im Leistungsbereich auch ein bestimmtes Sozialverhalten nicht erworben, so wird dies mit einem negativen Eindruck bewertet.

Das Verhalten entspricht nicht unserer Norm des Guten und Schönen

Von der Menschheit geschaffen, gibt es eindeutige Vorstellungen davon, was in unsere Ästhetik passt oder nicht. Ein schreiendes oder tobendes Kind am Boden, schaut nicht „schön" aus.[57]

Angebrachte Lösungsmöglichkeiten/ Gewaltprävention

Für betroffene Kinder und Jugendliche, welche öfters zu gewalttätigen Auseinandersetzungen neigen, ist es schwer, eine gute Lösung zu finden, die Aggressionen und Gewalt im Rahmen zu halten. Dennoch gibt es einige Vorschläge, um aufgestaute Aggressionen abzubauen und so Gewalt vorzubeugen.

- **Entspannung**

---

[57] Streit, Philip: Jugendkult Gewalt, Was unsere Kinder aggressiv macht. Wien 2010. S. 148.

„Entspannung ist die Grundlage für die erfolgreiche Bewältigung von Aggressionen."[58]

Einen besseren Schlaf zu haben und gewolltes Entspannen hilft sehr gegen Nervosität, Müdigkeit und Überanstrengung, welche häufig ausschlaggebende Ursachen für Aggressionen und Gewalt sind. Sich zu entspannen, heißt „loszulassen" und von glücklichen Gedanken erfüllt zu sein und somit die Anspannung im Körper herabzusenken.

Ein Beispiel um eine nahezu optimale Entspannung herbeizuführen, könnte Meditation sein. Durch Meditation lenken wir die Aufmerksamkeit auf Bereiche, die uns zuvor wenig oder nicht bewusst waren, und vergessen im optimalsten Fall unsere Sorgen, Ängste und Beschwerden. Entgegen aller Vorstellungen ist Meditation auch für Kinder eine geeignete Variante um Entspannung zu erlangen, da man herausfand, dass Kinder sich leichter und schneller entspannen können, als viele Erwachsene. Autogenes Training bei dem besser auf die Kinder eingegangen wird, wird heutzutage auch vermehrt angeboten.[59]

- **Kunst/Musik**

---

[58] Vgl. Auer, Dagmar: Gewaltprävention- Konstruktiver Umgang mit Aggressionen. Wien 2001. S.103.

[59] Auer, Dagmar: Gewaltprävention- Konstruktiver Umgang mit Aggressionen. Wien 2001. S.104ff.

Auch Kunst dient zur Bewältigung von Aggressionen und Gewalt. Wenn sich Kinder oder Jugendliche mit künstlerischen Prozessen befassen, erfahren sie die lebendige Qualität von Form und Raum, und ihre Vorstellungsfähigkeit, sowie der innere Seelenraum weiten sich. Musik hat eine heilende Aufgabe- sie kann beruhigen und den Einfluss der Technik und das rasende Tempo unserer Zeit ausgleichen. Nicht nur Musik hören im Allgemeinen, sondern auch von klein an ein Instrument zu lernen, kann helfen Aggressionen in Griff zu bekommen. Musik, Dichtung, Literatur, Sprache, Schauspiel, Malen, Zeichnen und Architektur geben den Heranwachsenden die Möglichkeiten sich auszudrücken, etwas zu erkunden und sich in Selbstdisziplin zu üben.[60]

- **Sportliche Aktivitäten**

Meist sind Kinder, welche aktiv Sport betreiben, belastbarer als andere und reagieren positiver auf neue Herausforderungen, die das Leben an sie stellt. Sobald Kinder sich bewegen, lernen sie, sich zu kontrollieren und sich ein Bild über sich selbst zu machen. Sich-Bewegen ist Sinneserfahrung, Welterfahrung, Ausdruckserfahrung, Kreativitätserfahrung und emotionales Erleben in Einem.[61]

Meiner Meinung nach ist Sport zu betreiben wahrscheinlich

[60] Auer, Dagmar: Gewaltprävention- Konstruktiver Umgang mit Aggressionen. Wien 2001. S.107.
[61] Auer, Dagmar: Gewaltprävention- Konstruktiver Umgang mit Aggressionen. Wien 2001. S.111.

die geeignetste Variante, um angestauten Aggressionen freien Lauf zu lassen. Macht ein Kind zum Beispiel zwei Stunden Sport in einem Turnverein, kann es sich komplett auspowern und wird nachher gar nicht mehr genug Kraft und Energie haben, seine aufgestauten Aggressionen in Form von Gewalt auszuleben.

- **Professionelle Hilfe**

  Manchmal reichen auch diverse Versuche zur Gewaltprävention nicht aus, und professionelle ist nötig. Sinnvoll ist es allerdings, nicht zu lange zu warten, da immer eine größere Menge an aufgestauten Aggressionen und aufgestauter Gewalt vorhanden ist, sondern sich so früh wie möglich professionelle Hilfe zu suchen. Erziehungsberatungsstellen, Kinder- und Jugendberatungsstellen, etc., kennen meist verschiedene Trainingsmodelle für aggressive Kinder, die nur von Fachleuten, meist Psychotherapeuten, durchgeführt werden können. Verwendet werden hierbei oft Rollenspiele, sowie Entspannungs- und Vorstellungstechniken.[62]

Beachtet sollte bei allen Präventions- und Lösungsmöglichkeiten, dass eine Aufklärung über Ursachen und Bedingungen auffälliger Verhaltensmuster der Kinder und Jugendlichen, sowie strukturelle Änderungen und humane Lebensbedingungen die Voraussetzung für

---

[62] Auer, Dagmar: Gewaltprävention- Konstruktiver Umgang mit Aggressionen. Wien 2001. S. 115.

eine erfolgreiche Prävention sind. Solange die strukturellen Bedingungen auffälliger Verhaltens Jugendlicher nicht beseitigt werden, werden pädagogische Konzepte nur bedingt wirken.[63]

3. Schlussteil

Die intensive Auseinandersetzung mit dem Thema „Aggressionen und Gewalt bei Kindern und Jugendlichen", hat mich zur Erkenntnis gebracht, dass entstandene Aggressionen und Gewalt bei Kindern und Jugendlichen durch viele unterschiedliche Faktoren beeinflusst werden, und auf verschiedene Arten entstehen können.

Dazu gehören sowohl die Theorien der Entstehung von Aggressionen und Gewalt bei Kindern und Jugendlichen im Kindesalter, sei es durch falsche Erziehung oder mangelnde Bedürfnisbefriedigung der Heranwachsenden, aber auch die Theorien der schon seit der Geburt angeborenen Aggressionen und Gewalt. Wissenschaftlich sind beide Theorien korrekt, da für beide Theorien Studien und Ergebnisse vorliegen, welche glaubhaft machen, ihre Theorie sei die Richtige. Fakt ist, ob nun Gewalt und Aggressionen angeboren sind oder nicht, verschiedenste Umwelteinflüsse und andere Personen im Umkreis des Kindes, prägen es maßgebend und verstärken in dem Kind schlummernde Aggressionen und Gewalt.

---

[63] Auer, Dagmar: Gewaltprävention- Konstruktiver Umgang mit Aggressionen. Wien 2001. S. 116ff.

Meine Arbeit befasst sich nur oberflächlich mit den verschiedenen Theorien der Entstehung von Aggressionen und Gewalt bei Kindern und Jugendlichen, und die anderen Themen, sei es die Verstärkung der Aggressionen und Gewalt durch die Umwelt oder die Lösungsmöglichkeiten für aggressive Kinder und Jugendliche, konnten nur oberflächlich erklärt und werden, um nicht den Rahmen einer Fachbereichsarbeit zu sprengen.

Meiner Meinung nach, sind Gewalt und Aggressionen bei Kindern und Jugendlichen immer noch ein kritisches und sehr umstrittenes Thema, welches noch viel erforscht werden wird. Möglicherweise ist die Wissenschaft in einigen Jahren noch weiter als heute, und andere oder genauere Ergebnisse dieser Forschung liegen vor.

4. Bibliographie

4.1 Literatur

- Auer, Dagmar: Gewaltprävention- Konstruktiver Umgang mit Aggressionen. Wien 2001.
- Bründel, Heidrun: Gewalt macht Schule. München 1997.
- Fend, Helmut: Entwicklungspsychologie des Jugendalters. 2003. 3. Auflage.
- Flammer, August: Entwicklungstheorien. Bern 2003.
- Hacker, Friedrich: Aggression- Die Brutalisierung der modernen Welt. Wien- München- Zürich 1971.

- Hassenstein, Bernhard: Verhaltensbiologie des Kindes. München 1987. 4 Auflage.
- Huber, Andreas: Stichwort Aggression und Gewalt. München 1995. Originalausgabe.
- Hurrelmann, Klaus/Palentien, Christian/Wilken, Walter: Anti-Gewalt-Report-Handeln gegen Aggressionen in Familie, Schule und Freizeit. Weinheim, Basel 1995.
- Jerabek, Regina: Aggressionen in Hauptschulklassen und die Effektivität eines Anti-Aggressions-Programms. Wien 1996.
- Keupp, Heiner : Ressourcenförderung als Basis von Projekten der Gewalt- und Suchtprävention. Praxis der Kinderpsychologie und Kinderpsychiatrie. 2004
- Kirschner, Josef: So siegt man, ohne zu kämpfen. München 1998.
- Ortner, Gerlinde: Neue Märchen, die den Kindern helfen.
- Parens, Henri: Kindliche Aggressionen. München 1995.
- Richter, Horst-Eberhard: Wer nicht leiden will muss hassen. Hamburg 1993. 1.Auflage.
- Ruthe, Reinhold: Wenn die Fetzen fliegen – Vom richtigen Umgang mit Ärger, Aggression, Zorn und Gewalt. Moers 1997.
- Rogge, Jan-Uwe: Wut tut gut. Reinbek 2005.
- Rogge, Jan-Uwe: Kinder brauchen Grenzen. Reinbek bei Hamburg 1993.   24. Auflage.

- Schenk-Danzinger, Lotte: Entwicklungspsychologie. Wien 1976. 10., unveränderte Auflage

- Schneider, Wolfgang und Lindenberger, Ulman (Hrsg.): Entwicklungspsychologie. Weinheim 2012.

- Streit, Philip: Jugendkult Gewalt- Was unsere Kinder aggressiv macht. Wien 2010.

- Veith, Peter: Ohne Fäuste geht es auch. Freiburg im Breisgau 2001. Originalausgabe.

4.2 Internetquellen

http://bmwa.cms.apa.at/cms/content/attachments/9/3/7/CH0618/CMS1315399155765/sechster_jugendbericht_auf_einen_blick.pdf 12.10.13

http://www.kindaktuell.at/thema/aggression-bei-kindern.html 12.10.13

http://www.duden.de/ 25.10.13

http://www.wissenschaft.de/kultur-gesellschaft/gesellschaft/-/journal_content/56/12054/1173279/Langzeitstudie:-Mehr-als-eine-Stunde-Fernsehen-am-Tag-f%C3%B6rdert-Gewalt/ 17.11.13

http://docserv.uni-duesseldorf.de/servlets/DerivateServlet/Derivate-23049/Dissertation_Frank_Meyer.pdf 17.11.13

http://medienbewusst.de/fernsehen/20120319/fernsehgewalt-und-seine-folgen.html 24.11.13

http://arbeitsblaetter.stangl-taller.at/MEDIEN/FernsehenGewalt.shtml 29.11.13

http://de.wikipedia.org/wiki/Friedrich_Hacker 30.11.13

https://www.uni-due.de/edit/lp/behavior/behavior.htm 21.12.13

http://www.psychotherapiepraxis.at/pt-blog/aggression-gewalt/ 21.12.13

http://caritas.erzbistum-koeln.de/gewalt-los/informationen/formen_gewalt/ 22.12.13

http://www.dguv.de/medien/inhalt/zahlen/documents/Gewalt_an_Schulen.pdf 25.12.13

http://www.mjv.rlp.de/Startseite/binarywriterservlet?imgUid=ce171655-56c6-b31f-ba5b-366077fe9e30&uBasVariant=11111111-1111-1111-1111-111111111111 13.01.14

http://www.t-online.de/eltern/jugendliche/id_42085816/jugendgewalt-wenn-jugendliche-gewalttaetig-werden.html 13.01.14

„Ich erkläre hiermit, dass ich die vorliegende Fachbereichsarbeit ausschließlich selbst und nur unter Verwendung der angegebenen Quellen verfasst habe."

Lengenfeld bei Krems am _____   Unterschrift:

_____

Printed in Poland
by Amazon Fulfillment
Poland Sp. z o.o., Wrocław

23718865R10037